Genussmomente

STUDENT*INNEN KOCHBUCH

EIN BUCH DER
EDITION MICHAEL FISCHER

INHALTS-VERZEICHNIS

SÜDINSEL

GRUNDLAGEN

CLEVERE KÜCHE: WICHTIGE UTENSILIEN

Kochen ist ein Handwerk, ohne das passende Werkzeug geht also gar nichts. Für einen fulminanten Start als Kochprofi empfehle ich dir daher ein paar Küchenutensilien, die dir das Leben erleichtern werden. Auch hier gilt wie so oft: Weniger ist mehr, aber dafür richtig!

Kleiner Topf

Am besten mit Stiel und einer Einkerbung zum Ausschütten von Saucen.

Großer Topf

Da Nudeln, Kartoffeln oder ein deftiger Eintopf genügend Platz beim Kochen brauchen, gehört in jede Küche mindestens ein großer Kochtopf.

Große Pfanne

Für den Anfang reicht eine Pfanne mit Keramikbeschichtung. Sie ist hitzebeständig und außerdem sehr robust.

Kleine Pfanne

Wenn du nur mal schnell ein paar Nüsse, Kerne oder Brotwürfel anbraten willst, musst du nicht jedes Mal die große Pfanne hernehmen.

Kochmesser

Es eignet sich für die Verarbeitung von Fleisch, Gemüse und Fisch. Mit dem leichten Bogen der Klinge lassen sich auch Kräuter wiegen oder sogar Schokolade und Nüsse hacken. Mit einem ordentlichen Messer bist du für alle grundsätzlichen Schneidearbeiten bestens gewappnet.

Küchenschere

Eine Packung hier, eine Packung da – beim Kochen müssen allerlei Verpackungen geöffnet werden, damit man überhaupt loslegen kann.

Sparschäler

Wer bevorzugt frisch kocht, muss nicht nur viel schneiden, sondern Obst und Gemüse auch vorher schälen. Das geht am schnellsten und einfachsten mit einem Sparschäler.

Schneidebrett

Die richtige Schneideunterlage ist beim Kochen das A und O. Um die Messerklingen nicht auf Dauer abzustumpfen, sollte das Brett nicht zu hart sein. Mit Schneidebrettern aus Kunststoff kannst du nichts falsch machen, zudem sind sie antibakteriell und somit sehr hygienisch.

Rührschüssel

Eine gute Arbeitsschüssel für die Zubereitung von Teig, Frikadellen, Knödeln oder Cremes sollte vor allem zwei wichtige Eigenschaften mitbringen: Zum einen sollte sie groß genug sein, um auch größere Mengen darin verarbeiten zu können. Zum anderen sollte sie bestenfalls aus Edelstahl sein (geschmacks- und geruchsneutral).

Kochlöffel

Ein Kochlöffel ist in der Regel größer und länger als ein normaler Esslöffel, sodass sich mit ihm auch in tiefen Töpfen ohne Verbrennungsgefahr rühren lässt. Am besten aus Holz!

Pfannenwender

Neben einem Kochlöffel solltest du auch einen Pfannenwender dein Eigen nennen können – zumindest, wenn du öfter Fisch, Fleisch und Gemüse oder dein geliebtes Spiegelei anbrätst.

Messbecher

Ein guter Messbecher sollte über gleich mehrere Maßeinheiten (Milliliter, Gramm etc.) verfügen und am besten auch so kleinteilig wie möglich aufgeteilt sein. Durch transparenten Kunststoff oder klares Glas hast du die genaue Füllmenge außerdem gut im Blick.

Multifunktionsreibe

Statt für Stifte, Raspel und Scheiben jeweils eine neue Reibe aus der Schublade zu kramen, kannst du dir einfach eine Vierkantreibe zulegen. Sie besitzt, wie ihr Name schon sagt, vier Seiten mit vier verschiedenen Reibeflächen.

Schneebesen

Unentbehrlich! Ob bei Desserts, Saucen oder Dips – er bringt Leichtigkeit in deine Küche!

Dosenöffner

Auch wenn man es gerne vermeiden möchte, um die eine oder andere Konservendose kommt man nicht herum. Und bevor du verzweifelte Öffnungsmanöver mit der Küchenschere startest, solltest ein Dosenöffner lieber direkt zu deiner Grundausstattung zählen.

Schöpfkelle

Wer schon einmal versucht hat, Suppe mit einem Esslöffel auf den Teller zu schöpfen, der wird mir hier garantiert zustimmen: Eine Schöpfkelle sollte in keiner Küche fehlen.

TIPP

Fleischliebhaber*innen aufgepasst! Eine lohnende Zusatzinvestition für alle, die sich gerne mal ein saftiges Steak gönnen möchten, ist ein Fleischthermometer! Hierbei sind eigentlich nur zwei Werte für dich relevant: Für ein Steak (medium) muss das Thermometer 55 °C anzeigen, für eine saftige Hähnchenbrust 72 °C, dann ist das Fleisch perfekt!

MEAL PREP IST DAS ZAUBERWORT

Du hast abends keine Lust mehr, groß zu kochen? Dann habe ich genau das Richtige für dich: Meal Prep. Denn Vorbereitung ist alles.

Das Prinzip ist eigentlich schon ewig bekannt – doch jetzt hat es endlich auch einen Namen, mit dem man sich als trendiger Foodie outen kann: Meal Prep. Der Gedanke: Anstatt die frischen Lebensmittel nach dem Einkaufen so lange zu lagern, bis du sie für eine Mahlzeit brauchst, werden sie gleich frisch vom Markt weg verarbeitet und portionsweise in Dosen und Einmachgläser verpackt.

Im Grunde ist Meal Prep also nichts anderes als das gute alte Vorkochen für die ganze Woche. Für dich bedeutet das: Einen Tag kochen, mehrere Tage genießen. Denn: Den Rest der Woche über isst du einfach die vorbereiteten Gerichte und hast jeden Abend etwas Leckeres zu Hause, auf das du dich freuen kannst. Hier die wichtigsten Tipps:

1: BEREITE DICH GUT VOR

Bei Meal Prep ist Vorbereitung alles. Neben einem Vorrat an Dosen, wiederverschließbaren Gefäßen und Einmachgläsern solltest du die notwendigen Lebensmittel möglichst immer im Haus haben.

2: PLANE SORGFÄLTIG

Damit ist das Thema Vorbereitung aber noch nicht abgeschlossen. Überlege dir genau, was du die Woche über essen möchtest, bevor du in den Supermarkt stürmst. Blättere durch das Buch und lass dich inspirieren. Für den Anfang sollten es nicht mehr als drei Tage sein, für die du vorkochst, damit du dich nicht verzettelst.

3: GEHE BEWUSST EINKAUFEN

Wenn du weißt, was du kochen möchtest, schreib eine Einkaufsliste und los geht's! Viele Sachen wirst du sicher im Supermarkt kaufen können, aber für frische Lebensmittel bietet sich der Wochenmarkt an. Lass dich vom angebotenen Obst und Gemüse der Saison inspirieren.

4: KOCHE MIT LIEBE VOR

Und wie lange soll es bitte dauern, für mehrere Tage vorzukochen? Was jetzt total verrückt klingt, nimmt in der Realität nicht mehr als 2–3 Stunden in Anspruch. Unter der Woche würdest du genau so lange dafür brauchen, aber eben nicht am Stück. Der Vorteil hier: Du musst abschließend nur einmal sauber machen!

5: STAPLE SCHLAU

Am Schluss werden die einzelnen Gerichte portionsweise auf die verschiedenen Boxen, Dosen und Gläser verteilt und dann ab damit in den Kühlschrank oder in die Tiefkühltruhe.

6: FREU DICH AUF ZUHAUSE

Wenn du am nächsten Abend nach Hause kommst, wirst du sofort spüren, dass sich die Mühe gelohnt hat. Dein fertiges, gesundes und selbst gekochtes Essen wartet auf dich und muss nur noch aufgewärmt werden. So gut geht es uns sonst nur bei den Eltern. Lass es dir also schmecken! Und sollte doch mal etwas übrig bleiben: Der Gefrierschrank freut sich! Tipps und Tricks rund um das Thema Einfrieren findest du auf S. 10 und 11.

RESTEVERWERTUNG: WAS MACHT MAN MIT DEN ÜBRIGEN ZUTATEN?

ZWEI DINGE VORAB

Genügend Gefrierraum zahlt sich aus, denn viele Reste lassen sich wunderbar einfrieren. Die doppelte Menge zu kochen, macht nicht viel Arbeit, und schon hast du schnell das nächste Mal eine tolle Mahlzeit.

Passe die Rezepte deinem Vorrat an. Anstelle einer Orange einfach eine Limette nehmen oder statt Dill z. B. Minze für den Gurkensalat. Nur Mut, da kann (fast) nichts schiefgehen!

Ist dein Kühlschrank dennoch ziemlich voll mit verschiedenem Gemüse, gekochten Nudeln und angebrochenen Milchprodukten, fallen mir ein paar Rezepte aus dem Buch ein, die deinen Kühlschrank leeren und dafür sorgen, dass du viele Zutaten verwerten kannst:

Lieblings-Couscous

In Marokko wird Couscous gedämpft. Aber es geht auch einfacher: 100 g Couscous mit 1 TL Olivenöl und 150 ml kochendem Wasser übergießen, umrühren und 5 Minuten ziehen lassen. Nach Belieben mit Zitronensaft abschmecken und reichlich Kräuter dazu. Noch Gemüse, Fleisch oder Fisch übrig? Nur rein damit!

Wahres Wok-Wunder

Die Kombination aus Chili, Ingwer und Knoblauch sorgt für den asiatischen Touch, der Rest ist wandelbar: Jedes Gemüse, jede Fleischsorte oder auch Fisch und Tofu können für dieses Rezept verwendet werden.

Auflauf für alle Fälle

Aufläufe sind eine wunderbare Erfindung. Ob rohes oder bereits gegartes Gemüse, eine offene Packung Schinken oder auch übrig gebliebene Nudeln. Nur rein damit: Mit diesem Auflauf kann man fast jeden Kühlschrankrest verwerten! Die Sauce kann aus 200 g Sauerrahm, Crème fraîche oder Sahne, vermengt mit 2 Eiern und 50 g Käse, bestehen. Die restliche Arbeit erledigt dein Ofen.

Crumble in the jungle

Du benötigst 25 g Butter, 25 g Zucker und 50 g Mehl für die Streusel. Bei dem Rest: Feel free! Ob Äpfel, Beeren oder die übrig gebliebene halbe Ananas vom letzten Brunch, beim „Crumblen" sind deiner Fantasie keine Grenzen gesetzt!

WAS KANN MAN EINFRIEREN?

Kräuter einfrieren

- Kräuterwürfel: Gib einfach Rosmarin, Basilikum und Co. in einen Eiswürfelbehälter und fülle die Fächer mit Olivenöl auf. So hast du länger etwas von deinen Kräutern und kannst sie fürs Kochen ideal portionieren.

- Du kannst die Kräuter auch in kleine Gläser füllen. Dabei solltest du beachten: „Zarte" Blätter wie Minze, Petersilie oder Basilikum am besten im Ganzen einfrieren.

LEBENSMITTEL	MAX. HALTBARKEIT
Frisches Obst	8–12 Monate
Frisches Gemüse	6–12 Monate
Küchenkräuter	8–10 Monate
Schweinefleisch	4–7 Monate
Rindfleisch	9–12 Monate
Geflügel	2–10 Monate
Fisch	2–4 Monate
Brot, Brötchen	1–3 Monate
Kuchen, Gebäck	2–5 Monate
Butter	6–8 Monate
Hartkäse	2–4 Monate
Gegarte Speisen	3–5 Monate

Zum Einfrieren ungeeignet

- Fettarme Milchprodukte
- Weichkäse, z. B. Camembert
- Gemüsesorten mit viel Wasser, z. B. Salate
- Rohe und gekochte Kartoffeln
- Gelatinehaltige Produkte

Do's und Dont's

Schnell einfrieren, langsam auftauen! Ausnahmen bilden rohes Obst zum Backen sowie rohes oder kurz blanchiertes Gemüse. Das darf sofort in den Kochtopf. Fleisch und Fisch solltest du im Kühlschrank auftauen, damit sich Bakterien nicht so schnell vermehren. Das Tauwasser wegschütten, denn hier tummeln sie sich am liebsten! Vorsicht: Wer sein Gefriergut nicht richtig luftdicht verpackt, riskiert Gefrierbrand. Diese Stellen sind zwar nicht verdorben, aber dennoch ungenießbar.

REZEPTE

Bella

PANZANELLA

FÜR 2 PORTIONEN

- 2 Ciabatta-Brötchen
- 4 EL Olivenöl
- 250 g bunte Kirschtomaten
- 2 Bio-Mini-Gurken
- 1 Knoblauchzehe
- 1 TL getrockneter Rosmarin
- 1 TL getrockneter Oregano
- Salz, Pfeffer
- 2 Kugeln Büffelmozzarella
- 20 Stängel Basilikum

SO GEHT'S

1 Ciabatta würfeln. 2 EL Olivenöl in einer großen Pfanne erhitzen und die Brotwürfel darin bei mittlerer Hitze rösten, bis sie schön kross sind. Dabei immer mal wieder wenden.

2 Anschließend das Gemüse waschen. Tomaten halbieren. Gurken halbieren, die Kerne mit einem kleinen Löffel entfernen und den Rest würfeln. Die Knoblauchzehe schälen und fein hacken. Mit dem restlichen Olivenöl, getrockneten Kräutern, Salz und Pfeffer in einer Schüssel zu einem Dressing mischen. Tomaten und Gurken zugeben und alles gut vermengen. Mozzarella abgießen und mit den Fingern in grobe Stücke zupfen, Basilikumblättchen waschen, trocken schütteln, von den Stängeln zupfen und in feine Streifen schneiden.

3 Kurz vor dem Servieren Brotwürfel und Mozzarella unter den Salat mischen und mit Basilikumblättchen garnieren.
Buon appetito!

TIPP

Immer, wenn du Knoblauch übrig hast, kannst du ihn im Ganzen oder in Würfeln in Olivenöl einlegen. Dafür einfach in ein kleines Schraubglas geben und mit Olivenöl aufgießen, bis der Knoblauch vollständig bedeckt ist. So hast du immer aromatisches Knoblauchöl oder kannst den Knoblauch zum Weiterverarbeiten verwenden, ohne lästiges Schälen und Schnippeln.

Vietnamesische

SOMMERROLLEN

FÜR 10 STÜCK

Für die Sommerrollen

- 60 g Reisnudeln (Vermicelli)
- 2 Salatblätter
- 1 Mango
- 3 EL Minze
- 3 EL Koriandergrün
- 1 EL Thai-Basilikum (nach Belieben)
- ½ Bio-Salatgurke
- 10 vorgegarte TK-Garnelen
- 10 Blätter Reispapier
- 1 Limette

Für den Erdnuss-Dip

- 1 Knoblauchzehe
- 1 daumengroßes Stück Ingwer
- 3 EL Erdnusscreme
- 3 EL Reisweinessig
- 1½ EL Tamari (alternativ Sojasauce)
- 1 EL Honig
- 1 EL Sesamöl

SO GEHT'S

1 Die Reisnudeln nach Packungsanweisung zubereiten. Die Salatblätter waschen, trocken tupfen und in Streifen schneiden. Die Mango schälen und ebenfalls in längliche Streifen schneiden. Minze, Koriander und ggf. Thai-Basilikum waschen, trocken schütteln und fein hacken. Gurke waschen, in Scheiben und anschließend in dünne Stifte schneiden (Julienne).

2 Garnelen zum Auftauen 1 Minute in kochendes Wasser geben. Schwanzstück ggf. entfernen.

3 Für den Erdnuss-Dip Knoblauch und Ingwer schälen und in sehr feine Würfel schneiden oder alternativ reiben. In eine Schüssel geben und alle weiteren Zutaten dazugeben. Gründlich vermischen, bis sich der Honig aufgelöst hat. Sollte der Dip zu fest sein, noch etwas Wasser oder Tamari hinzufügen.

4 Etwas lauwarmes Wasser in eine Pfanne oder flache Schale geben. Reispapier hineingeben und 1 Minute darin einweichen.

5 Das Reispapier aus dem Wasser nehmen, mit Garnelen, Reisnudeln, Salat, Kräutern, Gurke und Mango füllen. Dabei auf beiden Seiten 3 cm Platz lassen, damit du sie besser zusammenrollen kannst. Klappe die beiden Seiten dafür zuerst nach innen und falte anschließend das Reispapier von oben über die Füllung, sodass du es zu dir hin einrollen kannst. Je enger du sie hier einrollst, desto stabiler werden sie!

6 Mit den restlichen 9 Rollen ebenso verfahren. Limette achteln und die Sommerrollen mit Limettenscheiben und Erdnuss-Dip servieren.

MEXIKANISCHE QUESADILLAS

mit Hähnchen

FÜR 2 PORTIONEN

Für die Guacamole

- ½ rote Zwiebel
- 2 Avocados
- 3 Stängel Koriandergrün
- 4 Kirschtomaten
- Saft von 1 Limette
- Salz, Pfeffer
- Cayennepfeffer

Für die Quesadillas

- 250 g Hähnchenbrustfilet
- Öl zum Braten, Salz, Pfeffer
- 1 Dose Kidneybohnen (280 g Abtropfgewicht)
- Cayennepfeffer
- ½ TL gemahlener Kreuz kümmel, Salz, Pfeffer
- ½ rote Zwiebel
- 1 Knoblauchzehe
- 3 Stängel Koriandergrün
- 6 Kirschtomaten
- Saft von ½ Limette
- Jalapeños (Glas; nach Belieben)
- 4 Weizen-Tortillas
- 100 g Cheddar

SO GEHT'S

1 Für die Guacamole die Zwiebel schälen und fein würfeln. Avocados halbieren, den Stein entfernen und das Fruchtfleisch mit einem Löffel herauslösen. Gemeinsam in eine Schüssel geben und mit einer Gabel zerdrücken. Koriander waschen, trocken schütteln und hacken. Tomaten waschen, halbieren und vierteln. Limettensaft, Koriander, Tomaten, Salz und Pfeffer sowie Cayennepfeffer hinzugeben, verrühren.

2 Für die Quesadilla-Füllung die Hähnchenbrust klein würfeln. Öl in einer Pfanne erhitzen. Hähnchen bei mittlerer Hitze goldbraun anbraten, salzen und pfeffern. Hähnchen beiseitestellen und die Pfanne auswischen.

3 Kidneybohnen in eine kleine Schüssel geben und mit Cayenne, Kreuzkümmel, Salz und Pfeffer würzen. Zwiebel und Knoblauch schälen und würfeln. Koriander waschen, trocken schütteln und hacken. Kirschtomaten waschen, halbieren und vierteln. Alles zusammen mit Limettensaft und ggf. klein gehackten Jalapeños zu den Bohnen geben.

4 Anschließend 1–2 EL der Quesadilla-Füllung gleichmäßig auf einem Tortilla verteilen, mit der Hälfte des Hähnchens und des Cheddars bedecken, eine zweite Tortilla daraufgeben und leicht andrücken. Das Ganze wiederholen.

5 Etwas Öl in eine Pfanne geben und die Quesadillas bei mittlerer Hitze von beiden Seiten anbraten, bis der Käse geschmolzen und die Tortillas auf beiden Seiten goldbraun geworden sind.

6 Die fertigen Quesadillas auf einem Schneidebrett vierteln und gemeinsam mit der Guacamole auf einem Teller anrichten.

SPICY KÜRBISSUPPE

mit Birnen und Knoblauch

FÜR 2 PORTIONEN

Für die Suppe

- Hokkaido-Kürbis (ca. 500 g)
- 1 reife Birne
- 3 Knoblauchzehen
- 1 EL Olivenöl
- 2 Rosmarinzweige
- 1 Zitrone
- 1 TL Chiliflocken
- Salz
- 1 TL Honig

Außerdem

- 1–2 TL Kürbiskerne
- ½ TL Chiliflocken
- frischer Rosmarin
- 1–2 EL Kürbiskernöl

SO GEHT'S

1 Den Backofen auf 180 °C (Ober-/Unterhitze) vorheizen und ein Backblech mit Backpapier auslegen.

2 Den Kürbis schälen, halbieren, entkernen und achteln. Die Spalten auf das Backblech legen und im heißen Ofen (Mitte) 20 Minuten backen.

3 In der Zwischenzeit die Birne waschen, vierteln, vom Kerngehäuse befreien und in etwa 1 cm kleine Würfel schneiden. Die Knoblauchzehen schälen und halbieren. Das Olivenöl in einem Kochtopf erhitzen. Die Birnenwürfel und die Knoblauchhälften darin mit etwa 100 ml Wasser bei niedriger Hitze 10 Minuten dünsten.

4 Den Rosmarin waschen, trocken schütteln und die Nadeln abzupfen. Die Zitrone auspressen. Die Kürbisspalten mit Zitronensaft, Rosmarin, Chiliflocken, 1 Prise Salz, Honig und 400 ml Wasser in den Topf geben und einmal aufkochen lassen. Anschließend mithilfe eines Stabmixers zu einer cremigen Suppe pürieren. Vor dem Servieren erneut aufkochen lassen, dann mit Kürbiskernen, Chiliflocken, Rosmarinnadeln und Kürbiskernöl garnieren.

GEBRATENE NUDELN

mit Erdnuss-Sauce

FÜR 2 PORTIONEN

- 1 EL Sesam
- 1 daumengroßes Stück Ingwer
- 1 Knoblauchzehe
- 1 rote Chili
- 1 TL Sesamöl
- 200 g vorgegarte Udon-Nudeln
- 3 Frühlingszwiebeln
- 6 Stängel Koriandergrün
- 1 EL dunkle Sojasauce (alternativ helle)
- 1½ EL Reisweinessig (alternativ Sushi-Essig)
- 2 EL Erdnusscreme

TIPP

In einigen Bio-Supermärkten gibt es Udon-Nudeln auch in ihrer ungekochten Form. Diese benötigen eine etwas längere Kochzeit, sind aber dennoch zu empfehlen!

SO GEHT'S

1 Sesam in einer großen Pfanne ohne Fett anrösten, bis er eine goldene Farbe bekommt. Anschließend in einem Schälchen beiseitestellen. Hitze auf mittlere Stufe reduzieren.

2 Ingwer und Knoblauch schälen, klein schneiden. Die Chili waschen, halbieren und ebenfalls in kleine Würfel schneiden.

3 In die heiße Pfanne, in der der Sesam geröstet wurde, das Sesamöl geben. Knoblauch, Chili und Ingwer dazugeben. Alles bei mittlerer Temperatur anschwitzen, damit die Mischung ihr Aroma entwickeln kann.

4 Vorgegarte Udon-Nudeln in heißes Wasser geben, 2–3 Minuten köcheln lassen und gelegentlich mit einer Gabel leicht umrühren, bis sie sich voneinander lösen.

5 Frühlingszwiebeln und Koriander waschen und klein hacken.

6 Sojasauce und Reisweinessig zu der Chili-Knoblauch-Ingwer-Mischung geben und gut vermischen. Anschließend Erdnusscreme unterrühren. Ggf. etwas Nudelwasser mit dazugeben, falls die Sauce zu dickflüssig ist.

7 Die Udon-Nudeln mit einer Zange aus dem Wasser holen oder in ein Sieb abgießen. Ebenfalls in die Pfanne geben. Alles gut vermischen und kurz anbraten. Etwas gehacktes Koriandergrün und den gerösteten Sesam ebenfalls dazugeben und unterrühren.

8 Auf einem Teller oder in einer Schale anrichten und nach Belieben mit Frühlingszwiebeln und weiterem Koriandergrün sowie Sesam toppen.

TABBOULEH

mit Lachs und Pepp

FÜR 2 PORTIONEN

- 100 g Couscous
- Olivenöl
- Salz
- 150 g glatte Petersilie
- 2 Frühlingszwiebeln
- 2 Tomaten
- 1 Zitrone
- Pfeffer
- gemahlener Zimt
- 4 Stängel Minze
- 200 g griechischer Joghurt (10 % Fett)
- 2 Msp. gemahlener Koriander
- 250 g Stremellachs mit Pfeffer

SO GEHT'S

1 Den Couscous in eine kleine Schüssel geben und mit 2 TL Olivenöl und 1 Prise Salz vermengen. 150 ml Wasser aufkochen, über den Couscous geben und zugedeckt 5 Minuten quellen lassen.

2 Die Petersilie samt Stängel fein hacken. Frühlingszwiebeln putzen, waschen, längs halbieren und in feine Ringe schneiden. Die Tomaten waschen, Stielansätze entfernen und anschließend fein würfeln. Die Zitrone halbieren und den Saft auspressen. Petersilie, Frühlingszwiebeln und Tomaten zum Couscous geben. Mit Zitronensaft und ca. 3–4 EL Olivenöl gut vermengen, anschließend kräftig salzen und pfeffern. Mit 1 Prise Zimt verleihst du dem Salat noch das gewisse Etwas (Stichwort: Geheimzutat).

3 Die Minze waschen, trocken schütteln, Blätter abzupfen und fein hacken, ein paar Blätter für die Garnitur aufheben. Joghurt mit Minze sowie Koriander vermengen und mit Salz abschmecken. Den Stremellachs aus der Verpackung nehmen und die Haut abziehen.

4 Nun den Tabbouleh auf einem Teller anrichten, den Stremellachs darauflegen und mit dem Minzjoghurt sowie ein paar Minzeblättchen garniert servieren.

PFANNEN-GYROS

mit Zaziki

FÜR 2 PORTIONEN

- 500 g Schweineschnitzel (aus der Oberschale)
- 5 Stängel glatte Petersilie
- 5 Knoblauchzehen
- Je 1 EL edelsüßes und rosenscharfes Paprikapulver
- 1 TL getrockneter Oregano
- 1 TL gemahlener Kreuzkümmel
- Salz, Pfeffer
- 3 TL Zwiebelpulver (nach Belieben)
- 7 EL Olivenöl plus etwas mehr zum Braten
- etwas Zitronensaft
- 1 Salatgurke
- 200 g griechischer Joghurt
- 1 TL Weißweinessig
- 3 Stängel Dill
- 3 Stängel Minze
- 1 Tomate
- 1 Zwiebel

SO GEHT'S

1 Fleisch trocken tupfen, in Streifen schneiden und in eine große Schüssel geben.

2 Petersilie waschen, trocken schütteln, Blättchen abzupfen und klein hacken. 2 Knoblauchzehen schälen und hacken. Mit Paprikapulver, Oregano, Kreuzkümmel, Salz und Pfeffer, Zwiebelpulver, Petersilie, 5 EL Olivenöl und einem Schuss Zitronensaft verrühren. Marinade über das Fleisch geben und gut vermischen. Mariniertes Fleisch abgedeckt mindestens 1 Stunde (besser über Nacht) im Kühlschrank durchziehen lassen.

3 Inzwischen für den Zaziki die Gurke schälen, längs halbieren und die Kerne mit einem Teelöffel herausschaben. Die Gurke mit einer groben Reibe in eine Schüssel raspeln, kräftig salzen.

4 Restliche 3 Knoblauchzehen schälen, hacken und zusammen mit dem griechischen Joghurt in eine Schüssel geben.

5 Mit den Händen Flüssigkeit aus den Gurkenraspeln herausdrücken. Gurke mit der Joghurt-Knoblauch-Mischung, 2 EL Olivenöl und Weißweinessig verrühren. Dill und Minze waschen, trocken schütteln, Blättchen abzupfen, fein hacken und unterheben. Salzen, pfeffern.

6 Die Tomate waschen, in Scheiben schneiden. Zwiebel schälen, halbieren, eine Hälfte in grobe Stücke, die andere in Streifen schneiden. Öl in einer Pfanne erhitzen und das marinierte Fleisch darin anbraten. Zwiebelstücke dazugeben, kurz mitbraten. Gyros mit Tomatenscheiben, Zwiebelstreifen, einigen Spritzern Zitronensaft und Zaziki anrichten.

Blätterteig- CALZONE

FÜR 2 PORTIONEN

- 1 Rolle Blätterteig (275 g)
- 50 g Tomatenmark
- Salz
- Pfeffer
- 1 Knoblauchzehe
- 1 TL Kräuter der Provence
- 10 Kirschtomaten
- 3 Frühlingzwiebeln
- 1 Kugel Mozzarella
- Oliven (nach Belieben)

SO GEHT'S

1 Den Ofen auf 180 °C (Ober-/Unterhitze) vorheizen.

2 Den Blätterteig auf einem Backblech ausrollen und in der Mitte durchschneiden, sodass zwei Rechtecke entstehen. Das Tomatenmark mit Salz und Pfeffer würzen, den Knoblauch schälen und fein hacken oder mithilfe einer Knoblauchpresse zerdrücken und zum Tomatenmark geben. Die Kräuter der Provence wandern ebenfalls dazu. Alles miteinander verrühren. Die Kirschtomaten waschen und halbieren. Die Frühlingszwiebeln waschen, putzen und in feine Ringe schneiden. Die Tomatenmark-Mischung mithilfe eines Esslöffels auf eine Hälfte der beiden Blätterteigplatten verteilen. Den Mozzarella abgießen, in Stücke reißen und ebenfalls darauf verteilen. Wer mag, kann nun auch ein paar Olivenscheiben mit in die Füllung geben.

3 Nun den nicht belegten Teil des Teiges über die Füllung legen, sodass du eine gefüllte Tasche bekommst. Den Rand mithilfe einer Gabel zusammendrücken. Jetzt backst du die Teigtasche ca. 20 Minuten im Ofen, bis sie goldbraun ist.

TIPP

Wenn du in die Tomatenmarkschüssel nun einen Schluck Wasser gibst und mit einem Pinsel etwas umrührst, kannst du die Calzone vor dem Backen damit bestreichen, so bekommt sie eine etwas krossere Kruste.

GNOCCHI

al limone

FÜR 2–3 PORTIONEN

- 50 g zimmerwarme Butter
- 1 Bio-Zitrone
- 1 Knoblauchzehe
- 500 g Gnocchi
- 1 EL Olivenöl
- 3 TL eingelegte Kapern
- 30 g Parmesan (plus etwas mehr zum Garnieren)
- 50 g Rucola
- Salz, Pfeffer
- Chiliflocken (nach Belieben)

SO GEHT'S

1 Die Butter in eine Schüssel geben. Die Zitrone heiß waschen, abtrocknen, Schale zur Butter reiben und den Saft einer halben Zitrone dazupressen. Die Knoblauchzehe schälen, fein würfeln und mit in die Schüssel geben. Alles mit einer Gabel zerdrücken und vermengen.

2 In einer vorgeheizten Pfanne auf mittlerer Stufe die Gnocchi 2–3 Minuten in 1 EL Olivenöl anbraten, bis sie an einigen Stellen eine goldbraune Farbe bekommen.

3 Die Zitronenbutter anschließend in die Pfanne geben und schmelzen lassen.

4 Die Kapern dazugeben. Den Parmesan in die Pfanne reiben und unter die Gnocchi mischen. Den Rucola waschen, trocken schleudern und ebenfalls untermischen.

5 Mit Salz und Pfeffer abschmecken und auf einem Teller mit einigen Chiliflocken und etwas Parmesan anrichten.

TIPP

Wusstest du, dass Parmesan meistens nicht vegetarisch ist? Falls du für Vegetarier kochst, achte darauf, Parmesan ohne Lab zu verwenden.

Spinat- QUICHE

FÜR 2 PORTIONEN

- 250 g Champignons
- 1 Knoblauchzehe
- 1 EL Rapsöl
- Salz, Pfeffer
- 300 g frischer Spinat (alternativ TK)
- 60 g Schafskäse
- 6 Eier (Größe M)
- 240 ml Milch
- 60 g geriebener Parmesan
- 1 Kugel Mozzarella
- glatte, gehackte Petersilie

TIPP

Sriracha-Sauce passt gut für alle, die es scharf mögen.

SO GEHT'S

1 Ofen auf 180 °C (Umluft) vorheizen. Pilze putzen und in dünne Scheiben schneiden. Knoblauch schälen und hacken.

2 Eine Pfanne erhitzen, Rapsöl hineingeben und die Pilze bei hoher Temperatur 3–5 Minuten braten, bis sie den Großteil ihrer Flüssigkeit verloren haben. Knoblauch, Salz und Pfeffer hinzugeben und bei mittlerer Stufe noch 2 Minuten mitbraten.

3 Währenddessen den Spinat waschen und trocken schleudern. Anschließend mit ein wenig Wasser in einen Topf geben und bei mittlerer Temperatur einköcheln lassen, bis er zusammengefallen ist. Salzen und pfeffern.

4 Den Spinat in eine Quiche-Form (Ø ca. 22 cm) geben und den Boden gleichmäßig damit bedecken. Die angebratenen Champignons daraufgeben und den Schafskäse darüberstreuen.

5 Die Eier in eine kleine Schüssel schlagen und mit Milch und Parmesan verrühren. Salzen, pfeffern und anschließend in die Quiche-Form geben. Mozzarella abgießen, in kleine Stücke zupfen und darüberstreuen.

6 Ca. 45 Minuten im heißen Ofen backen, bis die Oberseite goldbraun geworden ist. Nach Belieben mit Käse sowie gehackter Petersilie bestreuen und servieren. Schmeckt warm und kalt.

Lecker

SHAKSHUKA

FÜR 2 PORTIONEN

- 2 Zwiebeln
- 4 Knoblauchzehen
- 2 rote Paprika
- 2 EL Olivenöl
- 2 TL Tomatenmark
- 1 TL gemahlener Kreuzkümmel
- 800 g stückige Tomaten (Dose)
- Salz
- Cayennepfeffer
- 4 Eier (Größe M)
- 4 EL Joghurt (3,5 % Fett)
- 8 Stängel Koriander
- 2 kleine Fladenbrote

SO GEHT'S

1 Die Zwiebeln und Knoblauchzehen schälen und fein hacken. Die Paprika waschen, putzen und in Streifen schneiden.

2 Das Öl bei mittlerer Hitze in einer großen Pfanne erhitzen. Das Gemüse zusammen mit Tomatenmark und Kreuzkümmel hineingeben und das Ganze unter Rühren 10 Minuten anbraten. Dann die Tomaten dazugeben und weitere 10 Minuten köcheln lassen, bis eine relativ dicke Sauce entstanden ist. Mit Salz und Cayennepfeffer abschmecken.

3 Nun vorsichtig die Eier in die Sauce gleiten lassen und das Ganze weitere 10 Minuten leicht köcheln lassen. Zum Schluss einen Klecks Joghurt auf die Shakshuka geben und mit grob gezupftem Koriander bestreuen.

4 Die Shakshuka kannst du stilecht direkt aus der Pfanne löffeln und das Fladenbrot zum Eintunken nehmen. Herrlich!

PFANNEN-PIZZA

Margherita

FÜR 2 PORTIONEN

- 20 g frische Hefe
- 1 TL Zucker
- 250 g Mehl (Type 550) + etwas mehr für die Arbeitsfläche
- Salz
- 8 TL Olivenöl
- ½ Salzzitrone (siehe Tipp)
- 10 Stängel Petersilie
- 400 ml passierte Tomaten
- Pfeffer
- 200 g Butterschmalz
- 1–2 Kugeln Büffelmozzarella

TIPP

Das Rezept funktioniert auch mit 300 g fertigem Pizzateig. Frische Hefe hält sich gut verpackt 4 Monate im Tiefkühlschrank. Salzzitronen findest du in Feinkostläden oder gut sortierten Supermärkten.

SO GEHT'S

1 Hefe, Zucker, Mehl, 1 Prise Salz und 2 TL Olivenöl mit 75 ml lauwarmem Wasser in eine Schüssel geben. Mit den Knethaken des Handrührgeräts oder der Hand so lange kneten, bis der Teig glatt und geschmeidig ist. Zu einer Kugel formen und abgedeckt 20 Minuten gehen lassen.

2 In der Zwischenzeit die Schale der Zitrone abreiben. Für das Kräuteröl Petersilie waschen, trocken schütteln und samt Stängeln und Zitronenschale fein hacken, mit dem restlichen Olivenöl vermengen und kräftig mit Salz abschmecken.

3 Den Pizzateig auf einer bemehlten Arbeitsfläche nicht zu dünn auf Größe der Pfanne ausrollen. Die passierten Tomaten in einem kleinen Topf erwärmen und mit Salz und Pfeffer abschmecken. Butterschmalz in einer Pfanne stark erhitzen. Den Pizzaboden vorsichtig in die Pfanne hineinlegen und 1 Minute ausbacken, wenden und auch die andere Seite goldbraun backen.

4 Die Pizza mit einer Schaumkelle oder einem Pfannenwender herausnehmen und auf Küchenpapier abtropfen lassen. Die heiße Tomatensauce auf den Pizzaboden streichen. Den Mozzarella abgießen, in Stücke zupfen und darauf verteilen. Mit dem Kräuteröl beträufeln.

Doppelter CHEESEBURGER

FÜR 2 PORTIONEN

- 2 Zwiebeln
- Öl zum Anbraten
- 600 g Rinderhackfleisch
- Salz, Pfeffer
- 4 Scheiben Cheddar
- 2 Brioche-Buns (alternativ 4 Burger-Brötchen)
- 1 rote Zwiebel, 1 Tomate
- 2 Gewürzgurken
- 2 EL Mayonnaise
- 1 EL Joghurt
- 1 EL Chilisauce (z. B. Sriracha)
- 2 EL Ketchup
- 2 Salatblätter
- 2 EL Jalapeños (Glas)

SO GEHT'S

1 Zwiebeln schälen, halbieren und in Streifen schneiden. Etwas Öl in eine Pfanne geben und die Zwiebeln bei mittlerer Hitze mindestens 15 Minuten anschwitzen, bis sie eine braune Farbe bekommen. Zwiebeln auf einem Teller zwischenlagern.

2 Das Rinderhackfleisch in eine Schüssel geben und großzügig mit Salz und Pfeffer würzen. Zu einer homogenen Masse kneten und anschließend mit der Hand zu 4 gleichmäßigen Pattys formen.

3 Nochmal etwas Öl in die Pfanne geben und die Pattys bei hoher Hitze ca. 3 Minuten pro Seite anbraten, bis eine Kruste entsteht. Dabei nicht in der Pfanne bewegen und nur einmal flippen. Falls nötig, einmal mit einem Pfannenwender an die Pfanne drücken, für eine gleichmäßige Bräunung.

4 Während der letzten Minute den Cheddar auf die Pattys geben und schmelzen lassen.

5 Die Buns halbieren und 1 Minute in die frei gewordene Pfanne geben, um sie mit der Resthitze aufzubacken.

6 Rote Zwiebel schälen, in Ringe schneiden. Tomate waschen, putzen und in Scheiben schneiden. Gewürzgurken längs in Scheiben schneiden.

7 Für die Sauce 1 EL Mayonnaise mit Joghurt, den anderen EL mit Chilisauce vermischen. Die Unterseiten der Buns mit der scharfen Sauce und Ketchup bestreichen. Ein Salatblatt und anschließend die beiden Burger-Pattys daraufsetzen. Mit Gurken, Jalapeños, Tomaten und den bereits zubereiteten Zwiebeln belegen. Die Oberseite der Burger mit der Joghurtsauce bestreichen und daraufsetzen.

TIPP

Rinderhackfleisch könnt ihr euch beim Metzger eures Vertrauens auch frisch wolfen lassen. So kann dieser für einen höheren Fettanteil sorgen. Denn: mehr Fett = mehr Geschmack!

Halloumi-
BURGER

FÜR 2 PORTIONEN

- 1 rote Zwiebel
- 1 Aubergine
- 250 g Halloumi
- 1 TL Butter
- Salz
- Öl zum Braten
- 2 Brioche-Buns
- 2 EL Joghurt
- 1 EL Tahin (Sesammus)
- Pfeffer
- 1 Handvoll Rucola
- scharfe Sauce (z. B. Sriracha, nach Belieben)

TIPP

Statt Tahin kann auch Mayonnaise verwendet werden.

SO GEHT'S

1 Die Zwiebel schälen, halbieren und in Halbmonde schneiden. Die Aubergine waschen, putzen, die Enden abschneiden und längs in 5 mm breite Streifen schneiden.

2 Halloumi mit einem Küchenpapier abtupfen. In Scheiben schneiden. Erneut abtupfen.

3 Butter in einer Pfanne bei geringer Hitze zerlassen. Zwiebeln dazugeben und mind. 10 Minuten glasig anschwitzen, bis sich erste braune Stellen bildern. Salzen und beiseitestellen.

4 Etwas Öl in die Pfanne geben und die Auberginenscheiben nacheinander 2 Minuten pro Seite bei mittlerer Hitze ausbraten. Dabei darauf achten, dass alle Streifen direkt Kontakt zur Pfanne haben. Falls nötig, mehr Öl dazugeben. Auf einem Teller zwischenlagern.

5 Erneut Öl in die Pfanne geben und den Halloumi bei mittlerer Hitze pro Seite 2 Minuten anbraten, bis er goldbraun ist.

6 Burger-Buns aufschneiden, kurz mit der Innenseite in die Pfanne legen und aufbacken. In der Zwischenzeit Joghurt, Tahin, Salz und Pfeffer vermischen.

7 Rucola waschen und trocken schleudern. Die Buns mit der Joghurtsauce bestreichen. Mit Rucola, Auberginenscheiben, Halloumi und Zwiebeln belegen. Erneut Sauce und nach Belieben scharfe Sauce auf die andere Hälfte geben und zuklappen.

KARTOFFELWEDGES

mit Hot-Tomato-Sourcream

FÜR 2 PORTIONEN

Für die Wedges

- 400 g dünnschalige bunte Kartoffeln (siehe Tipp)
- 1 kleine Süßkartoffel
- 3 Zweige Thymian
- 1 Zweig Rosmarin
- ¼ TL getrockneter Oregano
- 2 EL Olivenöl zum Braten
- Salz
- Pfeffer

Für den Dip

- 40 g getrocknete Tomaten (in Öl)
- 2 Soft-Aprikosen
- abgebriebene Schale von 1 Bio-Orange
- 1 TL (Rosen-)Harissa
- 1 TL Weißweinessig
- 2–3 EL Olivenöl
- Salz, Pfeffer
- 150 g saure Sahne

SO GEHT'S

1 Backofen auf 180 °C (Ober-/Unterhitze) vorheizen. Alle Kartoffeln unter fließendem Wasser gründlich sauber bürsten. Anschließend längs in 1,5 cm breite Spalten schneiden – Süßkartoffel evtl. vorher quer halbieren. Kräuter waschen, trocken schütteln, Blättchen bzw. Nadeln abzupfen und fein hacken. Mit Öl und Kartoffeln auf einem mt Backpapier belegten Blech mischen, salzen und pfeffern. Im heißen Ofen ca. 45 Minuten garen, dabei 1–2 mal wenden.

2 Inzwischen für den Dip Tomaten abtropfen lassen und grob zerschneiden. Aprikosen klein würfeln. Beides mit 3 Msp. Orangenschale, Harissa, Essig und Öl mit dem Pürierstab oder im Blitzhacker pürieren. Mit Salz und Pfeffer abschmecken. Saure Sahne glatt rühren, in ein Dipschälchen geben und das scharfe Tomatenpüree spiralförmig in die saure Sahne einrühren. Kartoffeln aus dem Ofen nehmen und mit dem Dip servieren.

TIPP

Die gesunde Alternative zu Pommes Rot-Weiß: kunterbunte Ofenkartoffeln mit einem Dip, bei dem die Harissa-Schärfe gleich durch erfrischende Sourcream gekühlt wird. Für richtig Farbe im Gericht sorgen unterschiedliche Kartoffelsorten: violette, rot- und hellschalige Kartoffeln und orangene Süßkartoffeln – so kommt mehr Abwechslung und unterschiedlicher Geschmack aufs Blech.

DRUNKEN PASTA

mit Rotwein

FÜR 2 PORTIONEN

- 250 g Spaghetti
- Salz
- 2 Knoblauchzehen
- 2 Chilischoten
- 60 g Parmesan
- 2 EL Olivenöl
- 400 ml Rotwein
- 2 Zweige Rosmarin
- Pfeffer

SO GEHT'S

1 Die Spaghetti in kochendes Salzwasser geben, 3 Minuten garen und im Anschluss in einem Sieb abtropfen lassen.

2 Knoblauchzehen schälen und fein würfeln. Chilischoten je nach eigenem Geschmack entkernen und fein hacken. Den Parmesan fein reiben.

3 Nun das Olivenöl in einer großen Pfanne erhitzen und darin bei mittlerer Hitze die Knoblauch- und Chiliwürfel andünsten. Mit Rotwein ablöschen (Vorsicht, es könnte spritzen!) und die Rosmarinzweige dazugeben. Einmal kurz aufkochen lassen, Spaghetti dazugeben und so lange garen, bis der Rotwein eingekocht ist und die Spaghetti gar sind. Zum Schluss mit Salz und Pfeffer abschmecken.

4 Zum Servieren in tiefe Teller geben und mit geriebenem Parmesan garnieren.

HUMMUS-HÄHNCHEN

mit Ofenkürbis

FÜR 2 PORTIONEN

- ½ Hokkaido-Kürbis (ca. 500 g)
- 4 TL Olivenöl
- ¼ TL Pimentón de la vera (geräuchtertes Paprikapulver)
- 120 g Hummus (selbst gemacht oder Fertigprodukt)
- 100 g griechischer Joghurt (10 % Fett)
- 1–2 TL Zitronensaft
- 2 Hähnchenbrustfilets (à ca. 150 g)
- Salz
- Pfeffer

SO GEHT'S

1 Backblech mit Backpapier belegen und in den Ofen schieben. Backofen auf 225 °C (Ober-/Unterhitze) vorheizen. Kürbis waschen, Kerne herauslösen und Fruchtfleisch in ca. 3 cm große Würfel schneiden. 3 TL Öl in eine Schüssel geben, mit Salz, Pfeffer und Pimentón de la vera würzen. Kürbis zugeben und gut untermischen. Backblech aus dem Ofen nehmen, Kürbis darauf ausbreiten. Im heißen Ofen ca. 25 Minuten garen.

2 Für den Dip 50 g Hummus mit dem Joghurt glatt rühren. Mit Zitronensaft, Salz und Pfeffer abschmecken.

3 1 TL Öl in einer beschichteten Pfanne erhitzen. Hähnchenbrustfilets darin pro Seite 3–4 Minuten braten. Mit Salz und Pfeffer würzen. Ca. 10 Minuten vor Ende der Garzeit das Blech aus dem Ofen nehmen. Hähnchenfilets auf dem Kürbis verteilen und das restliche Hummus daraufstreichen. Alles im Ofen zu Ende garen. Hummus-Hähnchen und Kürbis zusammen servieren. Nach Belieben noch Fladenbrot dazureichen.

KÄSETORTILLA

mit Paprikagemüse

FÜR 2 PORTIONEN

- 500 g Pellkartoffeln (vom Vortag)
- 1 Zwiebel
- 2 Knoblauchzehen
- 5 Zweige Thymian
- Olivenöl zum Braten
- 100 g Manchego (alternativ Parmesan)
- 5 Eier (Größe M)
- Salz
- Pfeffer
- 1 große rote Paprika
- ½ TL gemahlener Kreuzkümmel
- 1 EL Honig
- ¾ TL Pimentón de la vera (geräuchertes Paprikapulver)
- 3 EL Rauchmandeln (Fertigprodukt)
- 1 EL Sherry-Essig

SO GEHT'S

1 Kartoffeln pellen, in ca. 4 mm dicke Scheiben schneiden. Zwiebel und 1 Knoblauchzehe schälen, würfeln. Thymian waschen, trocken schütteln, Blättchen abzupfen, fein hacken. Manchego reiben. Eier verquirlen, salzen, pfeffern.

2 Den Backofen auf 200 °C (Ober-/Unterhitze) vorheizen. Zwiebel und Knoblauch in einer ofenfesten Pfanne (Ø 20 cm) in etwas Öl bei mittlerer Hitze andünsten. Kartoffeln und die Hälfte des Thymians zugeben, 3 Minuten mitbraten. Eier darübergießen, Manchego darüberstreuen. Im heißen Ofen 10–15 Minuten goldgelb backen.

3 Inzwischen Paprika vierteln, putzen, waschen und in schmale Streifen schneiden. Übrige Knoblauchzehe schälen und fein hacken.

4 Paprika in einer Pfanne in 1 EL Öl scharf anbraten. Hitze reduzieren, Knoblauch und übrigen Thymian zugeben, kurz mitbraten. Kreuzkümmel und Honig zugeben, 2–3 Minuten bei mittlerer Hitze braten. Mit Pimentón de la vera, Salz und Pfeffer würzen, 4–5 EL Wasser nterrühren. 10–15 Minuten zugedeckt dünsten, bis die Paprika noch leicht Biss hat. Evtl. noch Wasser zugeben. Inzwischen Mandeln grob hacken. Paprika mit Essig ablöschen, 2–3 Minuten garen.

5 Tortilla herausnehmen, 5 Minuten abkühlen lassen, mit der Käseseite nach oben auf eine Platte stürzen. In Stücke schneiden, mit Mandeln bestreuen. Paprika dazureichen.

ENERGYBALLS

FÜR 24 STÜCK

- 40 g Haselnusskerne
- 40 g Walnusskerne
- 3 EL Haferflocken
- 1 TL gemahlener Zimt
- 100 g ungeschwefelte, getrocknete Aprikosen

Haltbarkeit:
1 Woche im Kühlschrank

1 Die Hasel- und Walnüsse grob hacken, dann in einer Pfanne ohne Öl rösten, bis sie duften. Anschließend zusammen mit den Haferflocken und dem Zimt in einen Standmixer geben und fein mahlen.

2 Die Aprikosen in warmes Wasser legen und 2–3 Minuten einweichen. Danach in ein hohes Gefäß geben, 2 EL von dem Einweichwasser hinzufügen und mit einem Stabmixer fein pürieren.
Das Aprikosenpüree mit den restlichen Zutaten vermengen und die Masse ca. 10 Minuten kühl stellen.

3 Mit einem Teelöffel kleine Portionen von der gekühlten Masse abstechen und mit feuchten Händen zu Kugeln formen. Die kleinen Energiekugeln in eine luftdicht schließende Dose legen und im Kühlschrank aufbewahren.

TIPP

Wenn du möchtest, kannst du die Energyballs zusätzlich in gehackten Walnüssen wenden.

HAFERRIEGEL

mit Aprikosen

FÜR 12 RIEGEL

Für die Haferriegel

- 200 g ungeschwefelte, getrocknete Aprikosen
- 2 EL Kokosöl
- 150 g Kleinblatt-Haferflocken
- 60 g Dinkelflocken
- 4 EL Ahornsirup
- Salz

Für die Variante: Mandel-Amarant-Riegel

- 200 g getrocknete Datteln (ohne Stein, z. B. Medjool)
- 100 g Mandeln
- 30 g Sesam
- 50 g Kokosraspel
- 100 g gepuffter Amarant
- 3–4 EL Apfelmus

SO GEHT'S

1 Eine Form (24 cm x 15 cm) mit Backpapier auslegen und den Backofen auf 180 °C (Ober-/Unterhitze) vorheizen.

2 Die Aprikosen, das Kokosöl, die Hafer- und Dinkelflocken mit dem Ahornsirup und 1 Prise Salz in einen Standmixer geben und auf hoher Stufe zu einer klebrigen Masse verarbeiten. Die Masse gleichmäßig in der Form verteilen und festdrücken, bis die Oberfläche glatt ist.

3 Mit einem scharfen Messer in gleich große Riegel schneiden und im heißen Ofen (Mitte) 20 Minuten goldbraun backen.

MANDEL-AMARANT-RIEGEL

1 Eine Form (24 cm x 15 cm) mit Backpapier auslegen und den Backofen auf 180 °C (Ober-/Unterhitze) vorheizen.

2 Die Datteln mit den Mandeln, dem Sesam und den Kokosraspeln mithilfe eines Standmixers grob hacken. Anschließend mit dem gepufften Amarant und dem Apfelmus in einer Schüssel vermengen. Die Masse gleichmäßig in der Form verteilen und festdrücken, bis die Oberfläche glatt ist.

3 Mit einem scharfen Messer in gleich große Riegel schneiden und im heißen Ofen (Mitte) 20 Minuten goldbraun backen.

MÜSLIMUFFINS

fürs zweite Frühstück

FÜR 12 STÜCK

- 200 g Joghurt
- 1 reife Banane
- 2 Eier (Größe M)
- 1 EL Kokosöl
- 1 Bio-Apfel (alternativ Pfirsich)
- 100 g kernige Haferflocken
- 50 g Walnusskerne
- 50 g gemischte Saaten (Sonnenblumenkerne, Chiasamen, gehackte Haselnusskerne oder was du sonst so da hast)
- 50 g Weizenmehl
- 1 TL gemahlener Zimt
- 1 TL Backpulver
- 1 Pck. Vanillezucker
- 2 TL Honig

SO GEHT'S

1 Den Ofen auf 180 °C (Ober-/Unterhitze) vorheizen.

2 Den Joghurt mit der Banane und den Eiern mit einem Stabmixer pürieren. Das Kokosöl schmelzen und unterrühren.

3 Den Apfel waschen und reiben. Alternativ den Pfirsich waschen, entsteinen und in kleine Würfelchen schneiden. Apfel, wahlweise Pfirsich, ebenso wie die restlichen Zutaten unterrühren.

4 Den Teig in die Mulden einer Muffinform füllen und im Ofen ca. 25 Minuten backen.

TIPP

Wer es gerne etwas süßer mag, der kann den Teig noch mit 50 g Zucker ergänzen.

HEFESCHIFFCHEN

FÜR 6–7 PORTIONEN

Für den Teig

- 1 Ei (Größe M)
- 1 Würfel frische Hefe (42 g)
- 1 kg Weizenmehl
- 100 ml Olivenöl
- 2 TL Salz
- 1 TL Zucker
- schwarzer Sesam oder Kümmel nach Belieben

Für verschiedene Füllungen

- 2 Rote Beten (gekocht und vakuumiert)
- 1 Zwiebel
- 1 Knoblauchzehe
- ½ TL gemahlener Kreuzkümmel
- Salz/Pfeffer
- etwas Limettensaft
- 150 g Ziegenkäse

Oder

- 250 g Mangold oder Spinat
- 1 Zwiebel
- 1 Knoblauchzehe
- 250 g Feta
- Salz/Pfeffer

SO GEHT'S

1 Für den Teig das Ei trennen und das Eigelb beiseitestellen. Die Hefe mit etwas Wasser verrühren und mit Eiweiß, Mehl, Öl, Salz und Zucker zu einem Teig verkneten und anschließend etwa 45 Minuten abgedeckt gehen lassen.

2 Den Ofen auf 180 °C (Ober-/Unterhitze) vorheizen. Jetzt geht's an die Füllungen:

1. Variante: Rote Bete auf einer Gemüsereibe reiben, die Zwiebel schälen und in feine Würfel schneiden, die Knoblauchzehe schälen und an der feinen Seite der Reibe reiben. Mit Kreuzkümmel, Salz, Pfeffer und etwas Limettensaft würzen und mit dem Ziegenkäse vermischen.

2. Variante: Den Mangold oder Spinat waschen und klein schneiden. Die Zwiebel schälen und würfeln, ebenso wie den Knoblauch. Alles zusammen in einer Pfanne mit etwas Öl anschwitzen, bis der Mangold oder Spinat zusammengefallen ist. Nun die Füllung aus der Pfanne nehmen, etwas abkühlen lassen und mit dem Feta vermischen, salzen und pfeffern.

3 Nun den Teig zu kleinen Kugeln formen und diese oval ausrollen, mit der jeweiligen Füllung belegen und den Teig an den Seiten etwas einschlagen. Den Rand mit dem Eigelb bestreichen und etwas schwarzem Sesam oder Kümmel bestreuen. Die Schiffchen im heißen Ofen etwa 15 Minuten backen.

TIPP

Als Dip kann man ganz einfach einen Becher saure Sahne in ein Schälchen füllen und dazu servieren.

Haselnuss- SCHNECKEN

FÜR 20 STÜCK

Für den Teig
- 3 EL Honig
- 1 Pck. Trockenhefe
- 270 g Dinkelmehl (Type 630)
- 200 g Dinkelvollkornmehl
- Salz
- 70 g weiche Butter
- 175 ml Milch
- 2 Eier (Größe M)

Für die Füllung
- 70 g Haselnusskerne
- 50 g Butter
- 2–3 EL Honig
- 1 EL gemahlener Zimt

Außerdem
- 20er-Muffinbackblech (optional)
- Fett und Mehl für die Form
- Mehl zum Arbeiten
- 20 g Haselnusskerne
- 2 EL Ahornsirup

SO GEHT'S

1 Die Mulden eines Muffinblechs ausfetten und mit Mehl bestäuben. Alternativ ein Backblech mit Backpapier auslegen. Den Honig und die Hefe mit 50 ml handwarmem Wasser verrühren, bis sich die Hefe vollständig aufgelöst hat, und ruhen lassen, bis sich kleine Bläschen bilden.

2 In der Zwischenzeit beide Mehle mit 1 Prise Salz in eine große Schüssel geben und vermischen. Die Hefemischung, Butter, Milch und Eier hinzufügen und alles mit den Knethaken des Handrührgeräts zu einem glatten Teig verkneten. Alternativ eine Arbeitsfläche mit etwas Mehl bestäuben und den Teig von Hand bearbeiten. Den Teig anschließend in eine mit etwas Mehl bestäubte Schüssel geben, mit einem Geschirrtuch abdecken und bei Zimmertemperatur 1 Stunde gehen lassen.

3 Für die Füllung die Haselnusskerne mit einem scharfen Messer hacken. Die Butter in einer Pfanne bei niedriger Hitze zerlassen, kurz auskühlen lassen, dann Honig, Zimt und gehackte Haselnusskerne einrühren.

4 Den Teig auf einer bemehlten Arbeitsfläche etwa 1 cm dick zu einem Rechteck ausrollen und mit der Füllung bestreichen. Anschließend von der langen Seite her aufrollen und in etwa 3 cm dicke Scheiben schneiden. Diese in die Mulden des Muffinblechs oder auf das Backblech legen, mit einem Geschirrtuch abdecken und weitere 15 Minuten gehen lassen.

5 Den Backofen auf 180 °C (Ober-/Unterhitze) vorheizen.
Die Haselnussschnecken im heißen Ofen (Mitte) 25-35 Minuten goldbraun backen. Herausnehmen und etwas abkühlen lassen.
Die Haselnusskerne hacken. Die Schnecken mit Ahornsirup bestreichen und mit den gehackten Haselnusskernen bestreuen.

Saftiger SCHOKOKUCHEN

FÜR 8 STÜCKE

- 200 g Schokolade (mind. 45 % Kakaoanteil)
- 200 g gesalzene Butter plus etwas mehr für die Form
- 125 g Zucker
- 5 Eier (Größe M)
- 40 g Mehl (Type 405)
- Vanilleeis (nach Belieben)

SO GEHT'S

1 Den Backofen auf 190 °C (Ober-/Unterhitze) vorheizen.

2 Schokolade in kleinere Stücke brechen, in eine Schüssel geben, Butter dazugeben und beides über dem heißen Wasserbad schmelzen. Dafür einen Topf, der etwas kleiner als die Schüssel ist, mit heißem Wasser vorbereiten und die Schüssel in den Topf hängen. Schokolade und Butter dabei gelegentlich umrühren, bis sie geschmolzen sind.

3 Zucker dazugeben und vermengen. Nach und nach die Eier einzeln unter die Schokoladenmasse rühren. Mehl darübersieben und unterheben.

4 Eine Springform (Ø 20–22 cm) fetten, Teig einfüllen und 20–25 Minuten im heißen Ofen backen, bis der Kuchen auf der Oberseite eine knusprige Schicht entwickelt.

5 Etwas abkühlen lassen und genießen! Dazu passt Vanilleeis.

TIPP

Mit 200 g Zucker wird die Konsistenz noch besser, wenn ihr es also besonders süß mögt, probiert es gerne aus!

EIS

mit Keksteigstückchen

FÜR 6–8 PORTIONEN

Für das Eis

- 500 ml Milch
- 500 g Sahneeis
- 200 g (Rüben-)Zucker
- 2 EL Vanillextrakt
- 4 g Steinsalz
- 6 Eigelb (Größe M)

Für den Keksteig

- 30 g Zartbitterschokolade
- 30 g Butter
- 45 g Mehl (Type 405)
- 25 g (Rüben-)Zucker
- ½ TL Vanillezucker

Haltbarkeit:

2 Wochen

SO GEHT'S

1 Bei der Verwendung einer Eismaschine die Eiseinheit für 24 Stunden in den Froster stellen. Milch, 250 g Sahne, Zucker, Vanilleextrakt und Salz in einen Topf geben und vermischen. Die Eigelbe in einem Schälchen verquirlen, um diese zu erwärmen. Den Eiermix zur Milch geben und 10 Minuten erhitzen, bis die Creme leicht eindickt. Die Creme zur restlichen Sahne in eine große Schüssel gießen und so lange rühren, bis die Creme etwas abgekühlt ist. Anschließend mit einem Bienenwachstuch abdecken und ca. 1 Stunde im Kühlschrank erkalten lassen.

2 In der Zwischenzeit die Schokolade hacken. Die Butter in einem Topf zerlassen. Mehl, Zucker und Vanillezucker mischen und erst Butter, dann Schokoladenstückchen unterheben. Den Keksteig in eine Dose geben und in den Kühlschrank stellen.

3 Die Creme in der Eismaschine zu Eis gefrieren lassen. Alternativ in einen gefriergeeigneten Behälter füllen und stündlich mit einer Gabel vermischen, bis das Eis fest ist. Sobald das Eis an Festigkeit gewinnt, den Keksteig in Stücke zupfen, untermischen und mitfrosten.

IMPRESSUM

Bibliografische Information der Deutschen Bibliothek.

Die Deutsche Bibliothek verzeichnet diese Publikation in der Deutschen Nationalbibliografie.
Detaillierte bibliografische Daten sind im Internet über http://www.dnb.de/ abrufbar.

EIN BUCH DER EDITION MICHAEL FISCHER

1. Auflage 2023

Reihengestaltung: Yvonne Witzan
Cover: Jonas Högerl
Satz: Jonas Högerl
Redaktion und Lektorat: Andrea Flor und Celine del Rosario

Texte Grundlagenteil: Daniel Kauth: S. 6–11
Rezepte: Daniel Kauth: S. 14, 24, 34, 36, 44; Julian Lange: S. 16, 18, 22, 26, 30, 32, 38, 40, 60;
Jessica Lerchenmüller: S. 20, 52, 58; Zora Klipp: S. 28, 54, 56; Tanja Dusy und Inga Pfannebecker: S. 42, 46, 48;
Maria Panzer: S. 50, 62
Bilder: Annamaria Zinnau, Wedemark: Cover, S. 14, 16, 18, 22, 24, 26, 30, 32, 34, 36, 38, 40, 42, 44, 46, 48, 60;
Jessica Lerchenmüller, Dornbirn: S. 20, 52, 58; Lena Pfetzer, Waghäusel: S. 28, 54, 56;
Maria Panzer, Offenburg: S. 50, 62

ISBN 978-3-7459-1877-9

Gedruckt bei PNB Print SIA „Jansili", Silakrogs, Ropazu novads, LV-2133, Lettland

www.emf-verlag.de